SHORT STORIES IN SPANISH

For BEGINNERS Kids!

... A Unique Spanish English Parallel Text Book Volume 1!

By

Amyas Andrea

COPYRIGHT NOTICE

Cover by Eljays Design Concept

Printed in the United States of America

First printing June 2019

Table Of Content

INTRODUCTION

Welcome to this uncommon three amazing Short Stories in Spanish for Beginner kids … A Unique Spanish English Parallel Text Book Volume 1!

This is Spanish to English translation for beginners. You will find the stories to be very interactive, informative and instructive to the proper character formation of a developing child.

At the end of each story, you will find a word from God summarizing the morals of the story. This is then followed by questions to test the child's understanding of the story.

Believe me when I say, you have not read something like this before. In fact, your child is about to experience a different perspective to victorious living.

Grab a copy right away and enjoy now!

THE POOR MAN AND HIS BEAUTIFUL DAUGHTER / *EL HOMBRE POBRE Y SU HERMOSA HIJA*

Once upon a time, there was a very rich man who was very old and ugly.	*Había una vez un hombre muy rico que era muy viejo y feo.*

One day a very poor man who has a very beautiful daughter came to the very old and ugly rich man for some food.	*Un día, un hombre muy pobre que tiene una hija muy hermosa vino al rico y anciano feo en busca de algo de comida.*
The very old and ugly rich man gave the poor man some food, but he wanted to marry the very poor man's young and beautiful daughter in return.	*El anciano muy rico y feo le dio algo de comida a los pobres, pero él quería casarse con la hermosa hija del pobre a cambio.*

This made the very poor man so sad.	*Esto hizo al hombre muy pobre tan triste.*
Therefore, he had to reject the food because he wanted his daughter to go to college and get a good job so, she could be rich and take good care of him.	*Por lo tanto, tuvo que rechazar la comida porque quería que su hija fuera a la universidad y obtuviera un buen trabajo para poder ser rica y cuidar de él.*

However, the rich and ugly old man kept giving the poor man different proposals on a daily basis because he wanted his daughter's hand in marriage by all means but the poor old man refused all his proposals.	*Sin embargo, el anciano rico y feo seguía haciendo propuestas diferentes a los pobres todos los días porque quería casarse con su hija por todos los medios, pero el pobre anciano rechazaba todas sus propuestas.*
One day, the very poor man passed by the rich man's farm and the rich man suddenly began to accuse the poor man of attempting to steal his crops.	*Un día, el hombre muy pobre pasó por la granja del hombre rico y el hombre rico de repente comenzó a acusar al hombre pobre de intentar robar sus cosechas.*

| Before the poor man could explain himself, a crowd of people had gathered and they were about beating him into a pulp before the rich man told them to go that he would like to handle the matter all alone. | Antes de que el pobre hombre pudiera explicarse, una multitud de personas se habían reunido y estaban a punto de golpearlo, antes de que el hombre rico les dijera que se fueran que le gustaría manejar el asunto solo. |

And because he is rich and old, the crowd dispersed believing that the old man should be wise enough to take care of himself...	*Y debido a que es rico y viejo, la multitud se dispersó creyendo que el anciano debería ser lo suficientemente sabio como para cuidarse a sí mismo...*

The ugly, old and very rich man then made a proposal that he was going to bring an empty box and he was going to write **Yes** on a piece of paper and **No** on another piece of paper and the poor man was going to come with his beautiful daughter to pick one of the piece of papers from a box.	*El hombre feo, viejo y muy rico hizo una propuesta de que iba a traer una caja vacía y que iba a escribir Sí en un pedazo de papel y No en otra hoja de papel y el pobre hombre iba a venir con su Hermosa hija para recoger uno de los papeles de una caja.*

If the daughter picks yes, he was going to marry the daughter and will let the poor man off the hook, but if the daughter picks no, he was going to give the poor man half of his wealth and let him and his daughter alone.

So, the poor man agreed and went home to bring his beautiful daughter although, he was sore afraid because he did not want his daughter to ever be married to this very old and ugly rich man who is also a cheat.

Si la hija escoge que sí, se casaría con la hija y dejará salir al pobre hombre, pero si la hija escoge no, le daría al pobre la mitad de su riqueza y los dejaría a él y a su hija solos.

Entonces, el pobre hombre estuvo de acuerdo y se fue a casa para traer a su hermosa hija, aunque estaba muy asustado porque no quería que su hija se casara con este anciano rico y feo que también es un tramposo.

At the old man's place with his daughter, the old man took a piece of paper and wrote Yes, he also took another piece of paper and wrote yes, instead of no.	En el lugar del anciano con su hija, el anciano tomó un trozo de papel y escribió Sí, también tomó otro trozo de papel y escribió que sí, en lugar de no.
Unfortunately for the old rich man he did not know that the poor man's daughter could read because he was quite sure that the poor man could not read since he didn't go to school and he is also partially blind.	Desafortunadamente para el anciano rico no sabía que la hija podía leer porque estaba bastante seguro de que el pobre hombre no podía leer porque no iba a la escuela y también es parcialmente ciego.

| However, unknown to the poor man and his pretty daughter, the rich old and ugly man had paid a crowd of people to come and witness his marriage proposal to the beautiful daughter of the poor man. | *Sin embargo, desconocido para el pobre hombre y su linda hija, el rico anciano y feo había pagado a una multitud de personas para que fueran testigos de su propuesta de matrimonio a la hermosa hija del pobre hombre.* |

So, before they knew what was going on, the old, ugly man blow a whistle, and the crowd rushed in to see the beautiful girl pick one of the papers from the box. As she walked towards the box, the old man said 'remember if you pick yes, you will automatically become my wife, however, if you pick no, I will enrich your poor blind father and let you go, this is the price your dad has to pay for attempting to steal my crops.	*Así que, antes de que supieran lo que estaba pasando, el anciano y feo hizo sonar un silbato y la multitud se apresuró a ver a la hermosa niña que recogía uno de los papeles de la caja.* *Mientras caminaba hacia la caja, el anciano dijo: 'recuerda que si eliges sí, te convertirás automáticamente en mi esposa; sin embargo, si eliges no, enriqueceré a tu pobre padre ciego y te dejaré ir, este es el precio que tu padre Tiene que pagar por intentar robar mis cosechas.*

The beautiful girl began to pray to God in her heart because she knew the ugly old man had accused her dad wrongly and he had also put two yes answers in the box.	*La hermosa niña comenzó a orar a Dios en su corazón porque sabía que el feo anciano había acusado a su padre de manera incorrecta y también había puesto dos respuestas de sí en la casilla.*

Now let me ask you a question at this point, if you were the beautiful girl what will you do?

_____

Ahora déjame hacerte una pregunta en este punto, si fueras la chica hermosa, ¿qué harás?

Anyway, the girl simply picked a piece of paper from the box in front of the crowd and threw it out through the window!

The unsuspecting crowd was shocked at the beautiful girl's actions.

However, before the old man could protest, the beautiful girl faced the crowd and said she threw the paper out of the window for the wind to carry it away because she couldn't bear the thought of leaving her father all alone.

De todos modos, ¡la chica simplemente tomó un pedazo de papel de la caja frente a la multitud y lo tiró por la ventana!

la multitud que no sospecha se sorprendió por las acciones de la hermosa niña.

Sin embargo, antes de que el anciano pudiera protestar, la hermosa niña se enfrentó a la multitud y dijo que tiró el papel por la ventana para que el viento se lo llevara porque no podía soportar la idea de dejar a su padre completamente solo.

She further explained that she knows that she has either picked a "yes" or a "no" since those were the two options in the box.

She then asked the rich, ugly and very old man to show the crowd what is written on the paper that is left in the box, saying that if it is a "yes", then she must have picked a "no", and if it is a "no", then she must have picked a "yes".

Además, explicó que ella sabe que ha elegido un "sí" o un "no", ya que esas eran las dos opciones en el cuadro.

Luego le pidió al hombre rico, feo y muy viejo que le mostrara a la multitud lo que está escrito en el papel que queda en la caja, diciendo que si es un "sí", entonces ella debe haber elegido un "no", y si es un "no", entonces ella debe haber elegido un "sí".

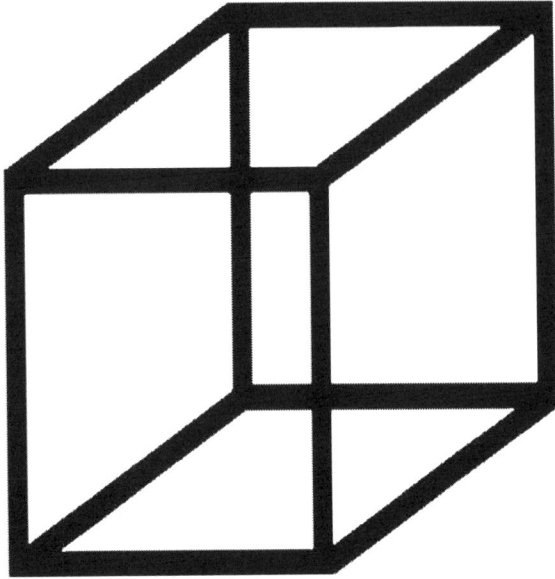

| On hearing this, the very old and ugly rich man bent his head in shame because he knew he had a "yes" written on both papers and this very young beautiful girl had out smart him. | Al escuchar esto, el hombre rico, muy viejo y feo, inclinó la cabeza avergonzado porque sabía que tenía un "sí" escrito en ambos papeles y que esta hermosa muchacha muy joven lo había superado. |

Yeah, your guess is as good as mine, the rich, very old and ugly man had no choice but to give half of his wealth to the poor man and leave his daughter alone as promised and witnessed by the crowd of people.	*Sí, tu suposición es tan buena como la mía, el hombre rico, muy viejo y feo no tuvo más remedio que dar la mitad de su riqueza al pobre hombre y dejar a su hija en paz como lo prometió y atestiguó la multitud.*

Meanwhile, the crowd applauded him believing that he is indeed a fair and generous man, not knowing what he had done.	*Mientras tanto, la multitud lo aplaudió creyendo que era un hombre justo y generoso, sin saber lo que había hecho.*
Always remember that the word of God says: Wisdom is the principal thing; therefore get wisdom. And in all your getting, get understanding. Proverbs 4:7.	*Recuerda siempre que la palabra de Dios dice: La sabiduría es lo principal; por lo tanto obtener sabiduría. Y en todo lo que obtengas, consigue comprensión. Proverbios 4: 7.*

Had the beautiful young girl not learnt to call on God, she would have been tricked into marrying this crafty old man who had already cheated before the game began.	*Si la hermosa joven no hubiera aprendido a llamar a Dios, la habrían engañado para que se casara con este viejo astuto que ya había hecho trampa antes de que comenzara el juego.*

Questions/ *Preguntas*

1. How will you describe the very old and ugly rich man?	*1. ¿Cómo describirías al viejo rico y feo?*
2. Do you think the poor man was wrong to have gone to ask the very old and ugly rich man for help?	*2. ¿Crees que el pobre hombre se equivocó al haber ido a pedirle ayuda al anciano rico y feo?*
3. How would you describe the very beautiful girl?	*3. ¿Cómo describirías a la chica tan hermosa?*
4. Who do you think saved the very beautiful girl from being tricked into getting married to the very ugly old man?	*4. ¿Quién crees que salvó a la chica muy hermosa de ser engañada para casarse con el anciano muy feo?*
5. How do you think wisdom can be attained?	*5. ¿Cómo crees que se puede alcanzar la sabiduría?*

The Hunter And The Dog/ *El cazador y el perro*

Once upon a time, there was a brave hunter called Polycap, he was the only one who could go into the thick forest and come out alive without being empty handed, he wouldn't even be scratched or injured.	*Érase una vez, un cazador valiente llamado Polycap, él era el único que podía entrar en el espeso bosque y salir con vida sin tener las manos vacías, ni siquiera sería arañado o herido.*

A day came that Polycap did not feel like going to the thick forest, he wanted to go to the normal bush. On getting there, he searched and searched for animals, but could find none. He then sited a dog and its family strolling, he wanted to kill them before the dog spoke, "Ah, please don't kill me and my family, please have mercy.	*Un día, Polycap no tenía ganas de ir al bosque espeso, el quería ir al arbusto.* *Al llegar allí, buscó y buscó animales, pero no pudo encontrar ninguno. Luego colocó a un perro y su familia paseando. Quería matarlos antes de que el perro hablara: "Ah, por favor, no me mates a mí ni a mi familia, ten piedad".*

In fact, if you want to know the homes of the other animals, I am willing to take you there" said the dog.	De hecho, si quieres conocer los hogares de los otros animales, estoy dispuesto a llevarte allí ", dijo el perro.
Polycap, loved this idea and so decided to enter into an agreement with the dog.	A Polycap le encantó esta idea y decidió firmar un acuerdo con el perro.

He said "Okay, smart guy, take me there and I will not kill you or any of your family members" However, unknown to them a pigeon was listening to their conversation; he knew the dog had betrayed them(the animals), it quickly flew to warn the other animals, but they all understood the fact that the dog knows their scent and could easily sniff them out.	*Dijo: "De acuerdo, chico listo, llévame allí y no te mataré a ti ni a ninguno de los miembros de tu familia".* *Sin embargo, sin saberlo, una paloma escuchaba su conversación; él sabía que el perro había traicionado a los animales, rápidamente voló para advertir a los otros animales, pero todos entendieron el hecho de que el perro conoce su olor y podrían olfatearlos fácilmente.*

The dog also knows the shape of their feet and could trace their footsteps to wherever they went, so they all gave up on looking for a good place to hide.	*El perro también conoce la forma de sus pies y pudo seguir sus pasos a dondequiera que iban, por lo que todos se dieron por vencidos en buscar un buen lugar para esconderse.*
But the birds were able to cover their own footsteps, at least when they fly away, the hunter would not be able to kill them, but the dog was eavesdropping on them.	*Pero los pájaros pudieron cubrir sus propios pasos, al menos cuando vuelan, el cazador no podría matarlos, pero el perro los espiaba.*

The antelopes said they were going to the north, the zebra and the deer went to the south of the bush, while the others found their places in the east and west parts of the bush.	Los antílopes dijeron que iban hacia el norte, la cebra y el venado se dirigían hacia el sur del arbusto, mientras que los otros encontraron sus lugares en las partes este y oeste del arbusto.
However, when they had finished their discussions, the dog ran to the hunter's house so that he would not be caught by the other animals.	Sin embargo, cuando terminaron sus conversaciones, el perro corrió a la casa del cazador para que no fuera atrapado por los otros animales.

From that day onward, the hunter and the dog went for hunting and the hunter kept his promise and the dog never failed him until one day.

All the remaining animals said, "We must put an end to this".

Desde ese día en adelante, el cazador y el perro fueron a cazar y el cazador cumplió su promesa y el perro nunca le falló hasta un día.

Todos los animales restantes dijeron: "Debemos poner fin a esto"."

| Therefore, they went to king lion to help them summon the dog and his family. | *Por lo tanto, fueron al rey león para ayudarlos a convocar al perro y su familia.* |
| King lion then summoned the dog but the dog did not show up. | *El rey león entonces convocó al perro, pero el perro no apareció.* |

King lion was angry so, the tortoise said "let us make a trap for him, we will put a bone in a net and cover the net with leaves so that when the dog goes to eat the bone, the birds will drag the net and carry him to us".

Rey León estaba enojado, entonces la tortuga dijo: "hagamos una trampa para él, pondremos un hueso en una red y cubriremos la red con hojas para que cuando el perro vaya a comer el hueso, los pájaros arrastrarán la red y llevarlo a nosotros "."

They all agreed and started building the net.	Todos estuvieron de acuerdo y comenzaron a construir la red.

When they were done, the tortoise put a bone in it and they all did as the tortoise had said.	Cuando terminaron, la tortuga puso un hueso en ella y todos hicieron lo que la tortuga había dicho.

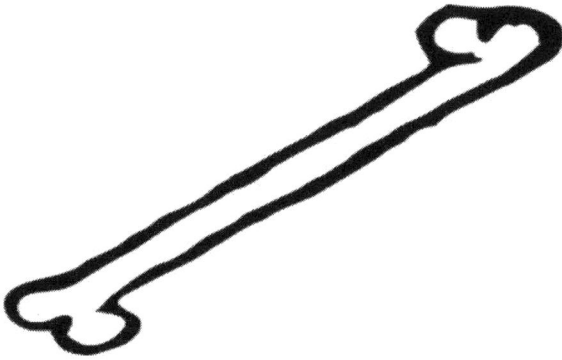

When the dog had entered inside the net, they brought him to king lion and king lion said "why did you betray your fellow animals"?

The dog answered and said, "I did it because I did not want to be killed".

Cuando el perro entró en la red, lo llevaron al rey león y el rey león dijo "¿por qué traicionaste a tus compañeros animales?"

El perro respondió y dijo: "Lo hice porque no quería que me mataran"

The lion then asked him to tell them where the hunter lives but the dog claimed he did not know.	El león le pidió que les dijera dónde vive el cazador, pero el perro afirmó que no sabía.

So the tortoise said they should create a trap for the hunter. He said that they should put a fake antelope in a net so that when the hunter shoots it, it will fall, as the hunter is about to carry it; the net will snap and the birds will carry him to us.	Así que la tortuga dijo que deberían crear una trampa para el cazador. Dijo que deberían poner un antílope falso en una red para que cuando el cazador lo dispare, este caiga, cuando el cazador está a punto de cargarlo; La red se romperá y los pájaros nos lo llevarán.

So, they made a fake antelope and a net. When they had finished they did as the tortoise said, however, when the hunter saw the antelope, he suspected it because the antelope saw him but did not move so, the hunter shot it.

Entonces, hicieron un antílope falso y una red. Cuando terminaron, hicieron lo que la tortuga dijo, sin embargo, cuando el cazador vio el antílope, lo sospechó porque el antílope lo vio pero no se movió, el cazador lo disparó.

To confirm his suspicions, when he shot it blood did not come out instead leaves came out and he immediately confirmed that the antelope was fake.	Para confirmar sus sospechas, cuando disparó, no salió sangre, sino que hojas salió, y de inmediato confirmó que el antílope era falso.
He then looked around and saw the nets. This made him very angry.	Luego miró a su alrededor y vio las redes. Esto lo puso muy enojado.

On taking a second look, he could spot the dog trying frantically to explain what had happened, however, the hunter was too angry to hear him out so; he shot the dog and his household for betraying him.	*Al echar una segunda ojeada, pudo ver al perro tratando de explicar frenéticamente lo que había sucedido, sin embargo, el cazador estaba demasiado enojado como para escucharlo; Le disparó al perro y a su familia por traicionarlo.*

Questions/ Pregunta

Considering these scriptures:	Teniendo en cuenta estas escrituras:
Ecclesiastes 10:8- *He that diggeth a pit shall fall into it; and whoso breaketh an hedge, a serpent shall bite him.*	***Eclesiastés 10: 8**- El que cava un hoyo caerá en él; y el que rompa un seto, una serpiente lo morderá.*
Galatians 6:7- *Do not be deceived, God is not mocked; for whatever a man sows, that he will also reap.*	***Gálatas 6: 7**- No seas engañado, Dios no es burlado; porque todo lo que el hombre sembrare, eso también segará..*
What do you think the moral of this story is?	*¿Cuál crees que es la moraleja de esta historia?*

Timpson And His Puppy/ *Timpson y su cachorro*

Once upon a time a boy named Timpson was given a very fine puppy by his dad.	*Una vez, un padre le dio un cachorro muy bueno a su hijo llamado Timpson.*
The puppy would have caused a fortune had his dad decided to sell it off.	*El cachorro habría causado una fortuna si su padre hubiera decidido venderlo.*

Timpson loved the puppy and feeds him milk all day long. He does not do anything without having his lovely puppy by His side.	*Timpson amaba al cachorro y lo alimenta con leche todo el día. Él no hace nada sin tener a su adorable cachorro a su lado.*
One day, Timpson decided to go on a long scroll with his fine puppy for the very first time. However, the first set of people that saw Timpson with his puppy decided to call the puppy a piglet due to envy.	*Un día, Timpson decidió dar un largo paseo con su excelente cachorro por primera vez. Sin embargo, el primer grupo de personas que vieron a Timpson con su cachorro decidieron llamar al cachorro lechón debido a la envidia.*

So as soon as he approached, they said "Oh Timpson what a lovely piglet you have there".	Entonces, tan pronto como se acercó, dijeron: "Oh Timpson, qué cochinito encantador tienes ahí".

On hearing their comment, Timpson responded by telling them it was a puppy and not a piglet, but they insisted that it was a piglet.	Al escuchar su comentario, Timpson respondió diciéndoles que era un cachorro y no un lechón, pero insistieron en que era un lechón.

As Timpson moved on, he met another set of people that repeated the same thing "Ah Timpson what a lovely piglet you have there".	*A medida que Timpson avanzaba, se encontró con otro grupo de personas que repetían lo mismo: "Ah Timpson, qué adorable lechón tienes allí".*
This made Timpson to look at his puppy again, saying, "this is a puppy and not a piglet" and walked away.	*Esto hizo que Timpson volviera a mirar a su cachorro, diciendo: "esto es un cachorro y no un lechón" y se alejó.*

On getting to the next set of people, they repeated the same thing as though it had been well rehearsed to frustrate Timpson.	*Al llegar al siguiente grupo de personas, repitieron lo mismo que si se hubiera ensayado bien para frustrar a Timpson.*
At this point, Timpson began to doubt if his puppy is really a puppy after all.	*En este punto, Timpson comenzó a dudar si su cachorro es realmente un cachorro después de todo.*
So, he decided to abandon the puppy on the road not minding the barking of the puppy.	*Entonces, decidió abandonar al cachorro en el camino sin importarle los ladridos del cachorro.*

When he arrived home without the puppy, his dad was surprised and asked Timpson where he had left his puppy but to the bewilderment of his dad, Timpson's responded by saying that he didn't have a puppy, it was a piglet all this while. The father was shocked on hearing Timpson's outburst. He grabbed Timpson by the hand and showed him the Puppy's mother, which is a German shepherd. But Timpson insisted that it was a pig.	*Cuando llegó a casa sin el cachorro, su padre se sorprendió y le preguntó a Timpson dónde había dejado a su cachorro, pero ante el desconcierto de su padre, Timpson respondió diciendo que no tenía un cachorro, que era un lechón todo este tiempo.* *El padre se sorprendió al escuchar el arrebato de Timpson. Agarró a Timpson de la mano y le mostró la madre del cachorro., que es un pastor aleman Pero Timpson insistió en que era un cerdo.*

His dad could not believe his ears. Timpson now explained what the people said about his puppy and he had no choice but to believe it since that was the first time he was taking the puppy out for a long scroll.	*Su papá no podía creer sus oídos. Timpson ahora explicó lo que la gente decía sobre su cachorro y no tuvo más remedio que creerlo, ya que era la primera vez que sacaba al cachorro a dar un largo paseo.*

On hearing this, his dad had to drag Timpson to the spot where he had abandoned the poor puppy.	Al escuchar esto, su padre tuvo que arrastrar a Timpson al lugar donde había abandonado al pobre cachorro.
However, what they found out was baffling. Do you know that the same crowd that called the puppy a piglet were all surrounding the puppy and admiring its beauty?	Sin embargo, lo que descubrieron fue desconcertante. ¿Sabes que la misma multitud que llamó al cachorro un lechón rodeaba al cachorro y admiraba su belleza??

Unfortunately, for Timpson and his dad they could not break into the crowd to pick up the puppy as the crowd was battle ready to beat up anyone who tries to steal "their" puppy.	*Desafortunadamente para Timpson y su padre, no pudieron entrar en la multitud para recoger al cachorro ya que la multitud estaba preparada para batir a cualquiera que intente robar "su" cachorro.*
<ul><li>The moral of the story is to cherish what you have.</li><li>Do not let others deceive you out of what you know.</li></ul>	<ul><li>*La moraleja de la historia es apreciar lo que tienes.*</li><li>*No dejes que los demás te engañen por lo que sabes.*</li></ul>

• Do not allow the crowd out there, be it friends, peers, etc. talk you out of any values that your parents have put into you.	• *No permitas que la multitud, ya sean amigos, compañeros, etc. Quita los valores que tus padres han puesto en ti.*

1 Peter 5:8 says, *Be sober, be vigilant; because your adversary the devil, as a roaring lion, walketh about, seeking whom he may devour.*

__1 Pedro 5: 8 dice:__ Esté sobrio, esté atento; Porque tu adversario el diablo, como león rugiente, anda alrededor buscando a quien devorar.

- *Check out this title also by same Author on amazon.com*

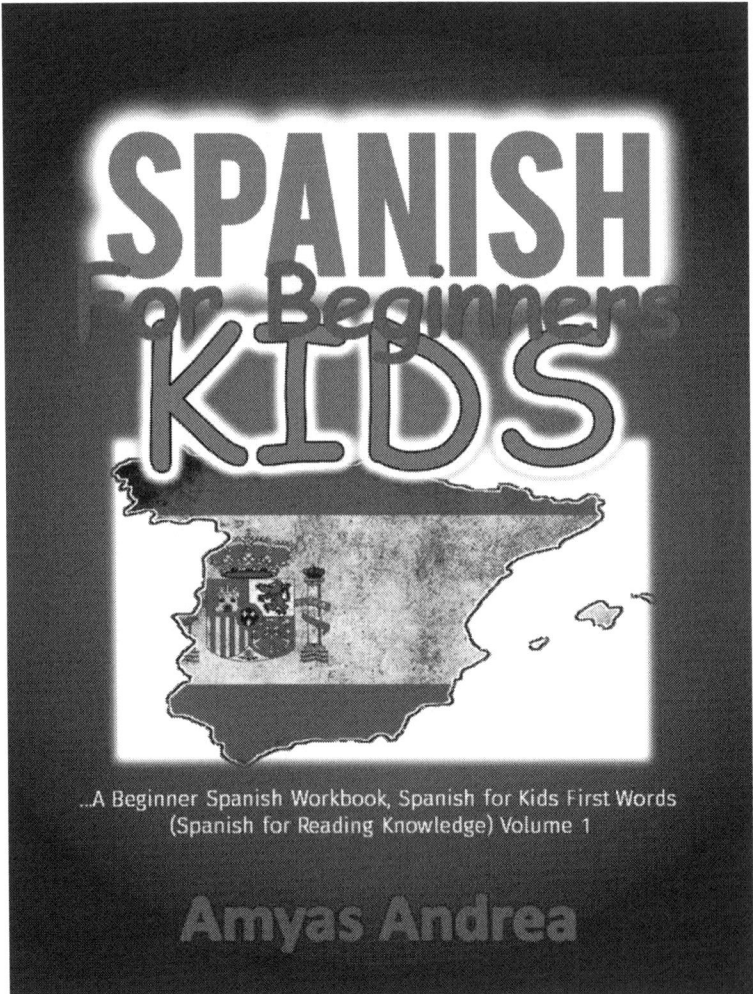

SPANISH
For Beginners
KIDS

...A Beginner Spanish Workbook, Spanish for Kids First Words
(Spanish for Reading Knowledge) Volume 1

Amyas Andrea

Made in the USA
Columbia, SC
22 September 2022

67761611R00033